Theo und der Fußballzirkus

Martin Klein
Manuela Olten

TULIPAN VERLAG

Drinnen-Draußen-Zauberei

Draußen scheint die Sonne. Drinnen übt Theo Diabolo. Das Wohnzimmer ist die Manege. Theos Flickenbär Arno ist das Publikum. Das Sofa ist die Tribüne, und die Wohnzimmertür ist der Zirkus-Eingang.
„Herrschaften, aufgepasst!“, verkündet Theo. „Jetzt kommt eine kleine Zauberei!“
Theo flippt den Diabolo mit der Schnur in die Luft. Das Spielzeug fliegt hoch wie ein UFO. Arno schaut gespannt hinterher.

Das UFO fliegt Richtung Fernseher.
Der Fernseher ist neu. Er hat
einen Flachbildschirm
und kostet mehr als
ganz viel Taschengeld.

Jetzt segelt das UFO am Regal vorbei.
Dort steht eine Schale aus Porzellan.
Sie ist alt und teurer als ein Sammelalbum
voller Fußballkarten.
Der Flickenbär bleibt ganz ruhig. Aber am
Zirkus-Eingang verliert jemand die Nerven.
Jemand, der gerade noch rechtzeitig zur
Vorstellung kommt.
Ein heller Schrei ertönt: „Neeein!!“

Theo fängt das UFO mit der Schnur elegant wieder ein. In einer Manege muss so was sein. „Nur keine Bange, Herrschaften!“ Theo lächelt galant. „Haben alle Eintritt bezahlt?“ „So was ist hier verboten!“ Theos Mutter betritt grimmig die Manege. „Das weißt du ganz genau!“ „Entspann dich, Mama“, sagt Theo. „Ups?! Oh!“

Der Diabolo hüpft von der Schnur.
Er poltert zu Boden, springt wild durchs Zimmer und macht nichts kaputt.
Theos Mama schnauft.
„Alles unter Kontrolle, Herrschaften!“
Theo verbeugt sich. „Bleiben Sie fluffig.“
„Sofort nach draußen mit dir!“, knurrt Theos Mama.
„Ich geh ja schon.“ Theo winkt noch einmal würdevoll ins Publikum und schlendert mit Arno zum Telefon.

E FÜR

Wenig später stehen Henry und Nils vor der Tür. Die beiden sind Theos beste Freunde. Sie haben ihre Zirkusausrüstung und zwei Begleiter dabei.
Henry trägt sein Einrad über der einen Schulter und Bobbele, den einarmigen Orang-Utan über der anderen.
Nils hat einen Rucksack auf dem Rücken. Oben schauen seine Jonglierkeulen heraus. Dazwischen lächelt Flösschen, der Kuschelkiller-Wal ohne Flossen.
Theo packt den Diabolo und genügend Proviant ein. Arno Flickenbär nimmt wie gewohnt in der großen Arno-Transport-tasche Platz.

Die drei Freunde laufen zur Wiese neben dem Spielplatz. Die Pforte ist der Zirkus-Eingang. Die Wiese ist die Manege. Theo, Nils und Henry sind die Akrobaten.

Die Holzbank ist die Tribüne. Arno, Flösschen und Bobbele sind das Publikum.
„Herrschaften, die Show geht los!"
Theo flippt den Diabolo immer wieder himmelhoch in die Luft. Und wenn das Spielzeug mal vom Seil hüpft, poltert es nicht einmal.
„Nur keine Bange, meine Damen und Herren!"

Henry flitzt auf dem Einrad über die Wiese wie ein Rad-Profi durch die Straßen von Paris. Und wenn er mal stürzt, schürft er sich nicht einmal die Haut.

„Jetzt kommt eine große Zauberei!“
Nils’ Keulen wirbeln und wirbeln durch die Luft. Und wenn sie mal im Gras landen, glitzern sie sogar besonders schön.
Das Publikum ist begeistert!

Die drei vom FC Meisterliga

Dann tauchen drei neue Zuschauer auf. „Was soll der Zirkus?“, fragt einer von ihnen. „Das hier ist ein Fußballplatz.“
Drei Jungen stehen vor Theo, Nils und Henry. Sie tragen sehr schicke Fußballtrikots.
Das erste ist rot, das zweite ist weiß und das dritte ist blau-weiß-rot.
„Ich bin Wayne.“ Der Junge im roten Trikot stemmt die Arme in die Hüften wie ein Cowboy.
„Ich bin Cristiano.“ Der Junge im weißen Trikot macht Tippelschritte wie ein Gockel auf dem Hühnerhof.
„Und ich bin Franck“, sagt der Junge mit dem blau-weiß-roten Dress. „Franck mit Ce-Ka.“

Mit Ce Ka!

Franck hat einen sehr schicken Ball unterm Arm. Der Ball ist sogar noch ein bisschen schicker als das Trikot. Franck lässt ihn fallen und fängt die schicke Lederkugel elegant mit dem rechten Fuß auf. Dort bleibt der Ball liegen, als wolle er sich ausruhen. Theo, Nils und Henry staunen.

„Das ist ein echter SUPAROLABOLA“, sagt Wayne.
„Der neue Champions-League-Ball“, sagt Cristiano.
Theo, Nils und Henry staunen noch mehr.
„Champions League heißt Meisterliga, du Harry“, sagt Wayne zu Nils.
Nils schüttelt den Kopf. „Ich heiße Nils.“
„Und genau da spielen wir drei, du Horst.“
Cristiano schaut Henry herausfordernd an.
„Ich heiße Henry“, sagt Henry.

„Wir sind vom FC Meisterliga, du Hans."
Franck mit Ce-Ka grinst Theo an.
„Ihr werdet es gleich erleben."
„Ich bin Theo. Theo mit Te-Ha",
erwidert Theo. „Ähm … heißt das,
ihr wollt jetzt bei uns mitspielen?"

„Umgekehrt", grinst Wayne.
„Ihr spielt bei uns mit." Cristiano grinst als Dritter. „Genauer gesagt: gegen uns."
Lässig starren die drei vom FC Meisterliga auf die drei Zirkus-Zauberer. Die sehen jetzt aus, als hätten sie alle Zaubertricks vergessen. Aber sie nicken.
„Na gut", sagt Theo. „Spielen wir. Aber immer fluffig bleiben, okay?"

„Na klar!!“, brüllt Wayne und rast zum Mittelkreis.
Cristiano und Franck flitzen hinterher.
„Erster alles! Wir haben Anstoß! Das wird ein Schützenfest!“

Sie kommen an Arno, Flösschen und Bobbele vorbei.

Cristiano wirft einen Blick zur Seite.

„Was haben die Viecher da auf der Bank verloren?“

„Voll hässlich!“, sagt Franck.

Theo, Nils und Henry schauen sich an. „Nur, dass ihr's schon mal wisst", ruft Theo den drei Profis hinterher. „In der zweiten Halbzeit spielen wir Fußballzirkus!"

„Abgemacht!" Wayne, Cristiano und Franck lachen laut. Dann stürmen die drei Meisterliga-Spieler los wie ein plötzliches Unwetter.

„Nur keine Bange, Herrschaften!", ruft Theo.

Aber Nils und Henry stehen herum wie Clowns im Regen.

Wayne dribbelt Nils aus, Cristiano lässt Henry stehen, und Franck knallt den SUPAROLABOLA an Theo vorbei ins Netz.

Theo rennt hinterher, Henry rutscht ins Leere, und Nils grätscht jeden Grashalm um. Cristiano hämmert, Wayne ballert, und Franck tanzt jeder Grätsche aus dem Weg. Zur Halbzeit steht es 6 : 0 für den FC Meisterliga.
„Die sind supergut“, ächzt Henry.
„Es liegt bestimmt an ihren Trikots“, stöhnt Nils.

„Entspannt euch.“ Theo ist vom Kampf zerzaust, aber er sieht nicht wie ein Verlierer aus. „Wir sind noch besser.“

„Hast du den SUPAROLABOLA an die Birne gekriegt?“ Nils und Henry tippen an ihre Stirn.
„Wir gewinnen noch.“ Theo lächelt geheimnisvoll. „Ihr werdet es sehen.“ Er ruft den Gegnern zu: „Ab jetzt Fußballzirkus!“
„Geht klar!“ Wayne feixt, Franck lacht, und Cristiano wackelt mit dem Hintern.

„Holt eure Ausrüstung, Jungs“, sagt Theo.
„Jetzt machen WIR die Show.“
Wenig später stehen die beiden Mannschaften wieder am Mittelkreis.
„Wir haben Anstoß“, sagt Theo. „Ab jetzt gilt ein Tor erst, wenn jeder Spieler vorher so was hier gemacht hat.“

Henry balanciert auf dem Einrad, Nils jongliert die Keulen, und Theo flippt den Diabolo in die Luft.
Die drei vom FC Meisterliga staunen.
Theo übergibt Franck den Diabolo.

Henry schiebt Cristiano das Einrad rüber. Und Nils drückt Wayne die Keulen in die Hand. „Mit Gruß vom FC Fußballzirkus, ihr Freddies!“

Das Team des FC Meisterliga hat nun mehr als genug zu tun. Franck verheddert sich in der Diabolo-Schnur. Cristiano purzelt vom Einrad. Auf Waynes Kopf landet eine Keule.

FC BAYERN
MÜNCHEN

Theo passt ungestört zu Nils.
Nils leitet weiter und Henry
schiebt den SUPAROLABOLA
mit der Hacke ins Tor.
Die drei Freunde reißen die Arme hoch.

„Das gilt nicht!“, schreit Franck.
„Das war abgemacht!“,
ruft Theo zurück.
„Oder gebt ihr auf?“

„Niemals!“, ruft Franck. „Guckt mal!“
Eine Sekunde lang hält er auf dem Einrad das Gleichgewicht. Aber er steuert auf eine Pfütze zu. PLATSCH!

Theo markiert das zweite Tor für den FC Fußballzirkus mit der linken Pobacke, und Nils macht das dritte mit der rechten.
KLOCK!
Der Diabolo landet nicht auf der Schnur, sondern auf Waynes Kopf.
Henry schiebt den SUPAROLABOLA liegend mit dem Kopf über die Linie.
Cristiano hechtet drei fliegenden Keulen hinterher und landet in einem Maulwurfshügel. BONK!
Theo pustet den SUPAROLABOLA ins Tor, und Nils gelingt ein Treffer per Handstand-Rückzieher. Jetzt steht es 6 : 6.
„Abpfiff!“, fordern die Zirkuskicker des FC Meisterliga.
„Nix da!“, rufen Theo, Henry und Nils.
„Die erste Halbzeit war länger! Das wird ein Schützenfest!“

Aber die drei vom FC Meisterliga schütteln die Köpfe.
„Könner gegen Könner macht Unentschieden“, ächzt Franck.
„Na gut.“ Theo spendiert Saft und Kekse für alle. Auch Arno, Flösschen und Bobbele kommen zum Picknick.
„Das sind unsere Maskottchen“, erklärt Theo.
Wayne, Cristiano und Franck schauen sich an.
„Voll süß“, sagt Franck.

Voll süß!

Später spielen
die sechs Jungen
weiter. Und das wird
erst richtig schön.

Martin Klein, geboren 1962 in Lübeck, verbrachte seine Kindheit im Ruhrgebiet und machte am Niederrhein Abitur. Er wurde Landschaftsgärtner, Diplom-Ingenieur und Autor. 1990 erschien sein erstes Kinderbuch „Lene und die Pappelplatztiger". Viele weitere folgten. Sie wurden bislang in elf Sprachen übersetzt und erhielten verschiedene Auszeichnungen. Martin Klein lebt in Berlin und Potsdam.

Manuela Olten, geboren 1970, lernte zunächst Fotografin, studierte dann Visuelle Kommunikation an der Hochschule für Gestaltung in Offenbach und machte dort im Sommer 2003 ihren Abschluss als Diplom-Designerin mit dem Schwerpunkt Kinderbuchillustration. Für ihr erstes Kinderbuch „Echte Kerle" erhielt Manuela Olten den Oldenburger Kinder- und Jugendbuchpreis.

1. Auflage 2012
Text: Martin Klein
Bilder: Manuela Olten
Gestaltung: www.anettebeckmann.de
Druck: Grafisches Centrum Cuno GmbH & Co. KG, Calbe
ISBN 978-3-939944-87-4
www.tulipan-verlag.de